EASY

★

SUDOKU #1

3					4	9		8	
			1				4	6	
	4								5
2		3							
8							1	5	
5		1	9				3	7	2
4			5	2			7	9	1
9	5	7			1				6
		6					5		4

SUDOKU #2

7	8					4	6	3
2					4			9
	5		6					1
		7				3		6
8	4		9	6	3		2	7
		3	1		2			
9	3	2						4
					9			
4			3	5	1		7	

SUDOKU #3

			5	6	8	4	7	
	5	9		1	7			
	7		9	2			5	1
2			1	8		5	4	3
				3		9		6
9		8						2
			2					7
				5			2	
1	8	2					9	

SUDOKU #4

	2			6			3	8
			3	9		7	6	
3	7	6	5		8		4	
					1	6		
	3	9					1	4
	1				7	3	5	9
		7	1	2	3			
2							7	6
	9		8	7	6	4		

SUDOKU #5

					2	3	4	1
7	4			5		2		
		1			4			
5	3			1	6		8	7
		8		4				
						1		4
	8		5	2	9	6		
	1	9				7		8
3	5	6			8	4	9	

SUDOKU #6

					5			3
			4	3	1		8	6
			2	7		5	4	
6		5				9	3	
	2			5		4		1
	7		1	2		8	6	
9	5	8		6	4	2		
	6			9				
		7		1		6		8

SUDOKU #7

	3		9	5				8
	5		4			1		
	1				3			
	8					4		1
		5		8		9		3
3		4		9			7	2
2		1						
5	7	8	2		6			
6	9	3	5	1	8		2	

SUDOKU #8

	4			6			9	5
		2			9	8		1
			3		5	4	7	2
		8			6			9
				5	4		1	
	2	1		7			4	
7	8	4		1	2	9		
9	6	5			8		2	
	1			9		6		4

SUDOKU #9

	6	9		3			8	1
	1	7					6	
		8			6	3		
					8		7	6
9			7			8	1	2
	7		6			5	3	
5		1	8	9		6		
7	9			6				
			2		7	1		3

SUDOKU #10

				5			8	3
		8				6	2	
1		5			6	9	4	
	9	2			3	7		4
		6			2		3	9
7		3	6	9	4		1	
	6	9			8	4		
			2			3		6
2	4			6			9	1

SUDOKU #11

3	8	2	7					
9		4		6	8	2		1
7			9	2		3	5	
8	4			3			6	
	6	3		7				
				8			4	
4			6		7			
6					2		8	4
5		9			3			

SUDOKU #12

7	2	6			1	4		9
5		8			4			
		9		6	5	3	4	
	4				7	2		
2	5		4	3		1	8	
					3	8		2
	3			5	2	7		4
	6	2	1		8			

SUDOKU #13

	6		8	3			5	4
3			4	9		8	2	
2	4			1		9		
	8					2	7	
5	7			8			1	
1	3	2	5	7			8	
		3		2		5		
		1	6					
	2	7				3	4	1

SUDOKU #14

			6	4				3
	2		8	5		9		
	9		7	1				5
	4	8	3				1	9
9					1	3		2
	3					7		
		3	1	7	6		9	
8		2		9	5		3	1
6						4		7

SUDOKU #15

			6	4				3
	2		8	5		9		
	9		7	1				5
	4	8	3				1	9
9					1	3		2
	3					7		
		3	1	7	6		9	
8		2		9	5		3	1
6						4		7

SUDOKU #16

	6	8	7		1			3
5	7	4	8			1	6	2
				5				9
		6			2			4
2		3	1	4				6
7				6	5		2	1
6						2	1	8
	1	2	6	7			9	
4								7

SUDOKU #17

	2	3	6	1				
7	1	6		5		8		3
		4	7	9				
	9	8			5		4	1
		7	8	2				9
1		5			7	6		
	7	9					2	
		1		8	9			7
	4		1				3	

SUDOKU #18

	2	3	6	1				
7	1	6		5		8		3
		4	7	9				
	9	8			5		4	1
		7	8	2				9
1		5			7	6		
	7	9					2	
		1		8	9			7
	4		1				3	

SUDOKU #19

4			3			9		
	8		1	9			4	
6		9		5				8
7	1		6				8	
2		8	5			4		9
	3	5		7			2	
			2	4				
1	4	7		8	6		3	5
				3		1		

SUDOKU #20

4			3			9		
	8		1	9			4	
6		9		5				8
7	1		6				8	
2		8	5			4		9
	3	5		7			2	
			2	4				
1	4	7		8	6		3	5
				3		1		

MEDIUM

★ ★

SUDOKU #21

9							6	1	
		2			9	3		
6		3						
4				3				7
	8		4			5	2	1
	1	6		2			9	
5		4	8					
			6	1				8
8			3	4			5	6

SUDOKU #22

9						6	1	
		2			9	3		
6		3						
4				3				7
	8			4		5	2	1
	1	6			2		9	
5		4		8				
				6	1			8
8				3	4		5	6

SUDOKU #23

				5	8	6	1	
	5			9			3	8
		4				9		7
3		6		4			9	
1	9		8		2			4
					5	1		
7	3			8				
	4			1	9		2	3
					4		6	

SUDOKU #24

						4	6	
					9	3		
1				7		2		
			5		6		1	3
		3	1		8			7
6		1						2
	3	8			7			
7		9	4			5	3	6
		6		5	1	7		9

SUDOKU #25

6	5	3				1	7	
					6	5	9	
4	1		5	3				
	8	6		9	5		4	7
1	9					8	2	
			6	8		9		
			8		4			
			3				5	
7		4		5	9	6	8	

SUDOKU #26

6	5	3				1	7	
					6	5	9	
4	1		5	3				
	8	6		9	5		4	7
1	9					8	2	
			6	8		9		
			8		4			
			3				5	
7		4		5	9	6	8	

SUDOKU #27

2		1	5			4	3	
7					2			
	4		3	1				7
4					6		8	
	7		8		1	6	5	
1			4					
		6		9	5		4	
	3						2	6
		4	6					5

SUDOKU #28

	5	2				8	4	
	8				2	7		9
3	7	9			4			
7			3				6	1
				6		5		
8			7			3		4
9			8	7			5	6
	3						8	
	1	8	2			4		

SUDOKU #29

	5	2				8	4	
	8				2	7		9
3	7	9			4			
7			3				6	1
				6		5		
8			7			3		4
9			8	7			5	6
	3						8	
	1	8	2			4		

SUDOKU #30

6			7		5	9		
			6		4		1	
3	7		2	8		5		
4						1	7	
	9	1		4	8		3	2
	3	6		1				
		3			9		4	
5		7		2				
9								6

SUDOKU #31

3			2					4
		9		5	3	2		
				4	9		1	
		3				8		
		4			6	3	9	
6		1		2			7	
4	6			9	1			2
9						1		
	2			3			8	

SUDOKU #32

4								
8			4		3		6	9
	3	2	6	7		5		
	1	5			2	8		7
			7	6		3		1
	9			4		2		
1	6					9		
3			9	5	7			
			2			4		

SUDOKU #33

7	5			6		2		
	3	4				9		
2		6						3
3	4						8	
		5	8		1		3	2
	7	2	9	5				
5		3	7		9	6	2	
		7						
4		8	2					

SUDOKU #34

2		7	4	5	1	9		
1		3	8					6
					9		2	
		2		1		7	5	
8			5	3				1
	4							
3			6	9	5			2
7	8					6	1	
		6	1					

SUDOKU #35

		8		5	4		9	
			9	8				2
	9		3			7		
		9		1				3
	7	2			5	4		
	3	1				6		
2								7
9	1	4				8		
7	5	3	8	9		1		4

SUDOKU #36

		1		3	9			
			4				8	
3	7		6	5				
9	3	2						
	4	8			2			
7	1					2		9
4		3		2	1			7
2		7		8				
			5		4	3		8

SUDOKU #37

					2		6	
1	4			7			8	2
5								
6	8				4		9	1
			6			2		
7			9	5	3		4	
	6	5	2	1				
					7	3		
	7	4	8		6			

SUDOKU #38

8	1			5				3
		5		8		7		6
		6	2	9				
		9		2	6			
	3		5	7				4
				1	3	2	5	
1	8				2		3	
			1			4	9	7
		4	7			1		

SUDOKU #39

1				8	2	6	5	
5	2		6		1	8	7	3
			5			1	4	
				9		5		
					7	2		
	5	7		2			3	
3	6							
		5	9	6			8	
		4	2		3	7		

SUDOKU #40

	8	3	1	2				6
			8		9	4		1
	2	9				3		
					7			
			9	8		5		
	4		5		3	9	7	
			6					7
	1	6		4	2	8		5
	7			5			6	

HARD

★★★

SUDOKU #41

		2	8	1		5		
								6
	3							
1			9				6	4
	5	4			3			
9								1
3	2	9						
		7			6		4	
				5				8

SUDOKU #42

	6		8				2	
		4	3					9
					7		4	3
		7				2		
			6		3			1
				2				
	4		7		8		9	
	5						1	7
8			9					6

SUDOKU #43

	2		3					
					7			1
					8	3	6	
9			2		6	8		
	5						9	
8		4	1				3	
					4	7		
		2	6					
	6	1		7		4		

SUDOKU #44

			1					
5	6	8						
	3			6		7		
9		2	5					1
				2		5	7	
8			4			6	2	
			2		1		3	
4	9						6	
				9				

SUDOKU #45

								6
9	8	6		4				7
	5					3		
3			2					
			6	9			1	2
					8			
	4						6	
				1		4		
7		2	9					

SUDOKU #46

		9						
3			5		1		2	
6							5	
5							3	7
			8	4				
					2	6		
		1		2			7	
				5		4		
9				7	4		1	

SUDOKU #47

6		7						9
		8		1	9			
	5					6	2	
5							1	6
4	2			8		5		
	1		9			7		
1				2			6	
					4			7

SUDOKU #48

7				3			5	
							7	9
		2			5			
		3	5		4	6		
6						3	1	
8	4							2
			4		3			1
2					1			
	5			9				

SUDOKU #49

					9			7
			7		5		3	
		2						
		6	9					8
7			6		3		5	
3				1				
5							6	4
			1	2		8	9	
1								

SUDOKU #50

		2			9	6		
	3			5				2
	4		2		7			
	5			4				
1								
		6			1	9		
	2	7	6					8
		8			5			
	9			1				3

SUDOKU #51

			7		3		5	9
6		9		4		2		
					5	1		
9	1		6					
7					2			4
						7		
			9					1
				3		6		8
2					4			

SUDOKU #52

	2				7			6
		1	4	6				
4					5			1
	3	4		5				
			3		1	7		
				8		9		
2			8	9				
	1					8		3
	8						5	

SUDOKU #53

					8	5		
	7			5	9	2	8	
		3						9
		1	5					
	4					6		7
	9		3			8		
		7		9	5			
8						9		
		2	8	1	6			

SUDOKU #54

9		5	7			2		
					4		6	
				8	5			
7			8				9	5
4				5				7
							4	9
2		6		1	9			
	1							6

SUDOKU #55

8				2		9	1	
	7			8		3		
	3		4					
			5	4				6
								2
7	2			3		5		
	9		1	5		7	8	
				7		2		3

SUDOKU #56

							7	
	8		6	2		4		
			1				8	6
		1	5					9
8	4			3				
2		9		8				
				1	3		2	
	2				7			3
7							1	

SUDOKU #57

3	9			1				
8				4				
		5				9		2
							8	
1		7					5	
4					3	2		
	7			2	1	8		
		6	5	9				
			8					

SUDOKU #58

	9					3		
			6		7			5
			1			8		6
7	2						3	
1								
			8	6		9		
	6	5	2					
		7	5		4			
		3						

SUDOKU #59

					3		1	
7		5						
	4		7				8	
1								3
		2				8		
			1	9	6	7		
			4			1	7	
		1		3			5	9
	8	9	6					2

SUDOKU #60

			9		4			
	5							9
2				3				6
	1	8			6	3		2
	7	6				8		5
		2		7			9	
		1		5				
7	6	4	2					3

Solutions

Sudoku #1

3	1	5	6	4	9	2	8	7
7	8	9	1	5	2	4	6	3
6	4	2	3	7	8	9	1	5
2	9	3	7	1	5	6	4	8
8	7	4	2	6	3	1	5	9
5	6	1	9	8	4	3	7	2
4	3	8	5	2	6	7	9	1
9	5	7	4	3	1	8	2	6
1	2	6	8	9	7	5	3	4

Sudoku #2

7	8	9	2	1	5	4	6	3
2	1	6	8	3	4	7	5	9
3	5	4	6	9	7	2	8	1
1	2	7	5	4	8	3	9	6
8	4	5	9	6	3	1	2	7
6	9	3	1	7	2	8	4	5
9	3	2	7	8	6	5	1	4
5	7	1	4	2	9	6	3	8
4	6	8	3	5	1	9	7	2

Sudoku #3

3	2	1	5	6	8	4	7	9
4	5	9	3	1	7	2	6	8
8	7	6	9	2	4	3	5	1
2	6	7	1	8	9	5	4	3
5	1	4	7	3	2	9	8	6
9	3	8	6	4	5	7	1	2
6	4	5	2	9	1	8	3	7
7	9	3	8	5	6	1	2	4
1	8	2	4	7	3	6	9	5

Sudoku #4

9	2	1	7	6	4	5	3	8
8	5	4	3	9	2	7	6	1
3	7	6	5	1	8	9	4	2
5	4	2	9	3	1	6	8	7
7	3	9	6	8	5	2	1	4
6	1	8	2	4	7	3	5	9
4	6	7	1	2	3	8	9	5
2	8	3	4	5	9	1	7	6
1	9	5	8	7	6	4	2	3

Sudoku #5

8	6	5	7	9	2	3	4	1
7	4	3	8	5	1	2	6	9
9	2	1	6	3	4	8	7	5
5	3	4	2	1	6	9	8	7
1	9	8	3	4	7	5	2	6
6	7	2	9	8	5	1	3	4
4	8	7	5	2	9	6	1	3
2	1	9	4	6	3	7	5	8
3	5	6	1	7	8	4	9	2

Sudoku #6

7	8	4	6	9	5	1	2	3
5	9	2	4	3	1	7	8	6
1	3	6	2	7	8	5	4	9
6	1	5	8	4	7	9	3	2
8	2	3	9	5	6	4	7	1
4	7	9	1	2	3	8	6	5
9	5	8	3	6	4	2	1	7
2	6	1	7	8	9	3	5	4
3	4	7	5	1	2	6	9	8

Sudoku #7

7	3	6	9	5	1	2	4	8
8	5	9	4	2	7	1	3	6
4	1	2	8	6	3	5	9	7
9	8	7	6	3	2	4	5	1
1	2	5	7	8	4	9	6	3
3	6	4	1	9	5	8	7	2
2	4	1	3	7	9	6	8	5
5	7	8	2	4	6	3	1	9
6	9	3	5	1	8	7	2	4

Sudoku #8

8	4	7	2	6	1	3	9	5
5	3	2	7	4	9	8	6	1
1	9	6	3	8	5	4	7	2
4	5	8	1	2	6	7	3	9
3	7	9	8	5	4	2	1	6
6	2	1	9	7	3	5	4	8
7	8	4	6	1	2	9	5	3
9	6	5	4	3	8	1	2	7
2	1	3	5	9	7	6	8	4

Sudoku #9

2	6	9	5	3	4	7	8	1
3	1	7	9	8	2	4	6	5
4	5	8	1	7	6	3	2	9
1	4	5	3	2	8	9	7	6
9	3	6	7	4	5	8	1	2
8	7	2	6	1	9	5	3	4
5	2	1	8	9	3	6	4	7
7	9	3	4	6	1	2	5	8
6	8	4	2	5	7	1	9	3

Sudoku #10

6	2	4	9	5	7	1	8	3
9	7	8	4	3	1	6	2	5
1	3	5	8	2	6	9	4	7
8	9	2	5	1	3	7	6	4
4	1	6	7	8	2	5	3	9
7	5	3	6	9	4	2	1	8
3	6	9	1	7	8	4	5	2
5	8	1	2	4	9	3	7	6
2	4	7	3	6	5	8	9	1

Sudoku #11

3	8	2	7	5	1	4	9	6
9	5	4	3	6	8	2	7	1
7	1	6	9	2	4	3	5	8
8	4	5	2	3	9	1	6	7
1	6	3	4	7	5	8	2	9
2	9	7	1	8	6	5	4	3
4	2	8	6	1	7	9	3	5
6	3	1	5	9	2	7	8	4
5	7	9	8	4	3	6	1	2

Sudoku #12

3	1	4	7	9	6	5	2	8
7	2	6	5	8	1	4	3	9
5	9	8	3	2	4	6	7	1
1	8	9	2	6	5	3	4	7
6	4	3	8	1	7	2	9	5
2	5	7	4	3	9	1	8	6
9	7	5	6	4	3	8	1	2
8	3	1	9	5	2	7	6	4
4	6	2	1	7	8	9	5	3

Sudoku #13

7	6	9	8	3	2	1	5	4
3	1	5	4	9	6	8	2	7
2	4	8	7	1	5	9	3	6
9	8	4	3	6	1	2	7	5
5	7	6	2	8	9	4	1	3
1	3	2	5	7	4	6	8	9
4	9	3	1	2	7	5	6	8
8	5	1	6	4	3	7	9	2
6	2	7	9	5	8	3	4	1

Sudoku #14

7	8	5	6	4	9	1	2	3
1	2	6	8	5	3	9	7	4
3	9	4	7	1	2	8	6	5
2	4	8	3	6	7	5	1	9
9	6	7	5	8	1	3	4	2
5	3	1	9	2	4	7	8	6
4	5	3	1	7	6	2	9	8
8	7	2	4	9	5	6	3	1
6	1	9	2	3	8	4	5	7

Sudoku #15

9	6	8	7	2	1	5	4	3
5	7	4	8	3	9	1	6	2
3	2	1	4	5	6	7	8	9
1	5	6	9	8	2	3	7	4
2	8	3	1	4	7	9	5	6
7	4	9	3	6	5	8	2	1
6	3	7	5	9	4	2	1	8
8	1	2	6	7	3	4	9	5
4	9	5	2	1	8	6	3	7

Sudoku #16

7	2	4	1	3	8	5	6	9
5	9	8	2	7	6	3	4	1
6	1	3	5	4	9	2	8	7
4	5	7	6	8	2	9	1	3
1	6	2	9	5	3	8	7	4
8	3	9	7	1	4	6	2	5
2	8	1	3	9	7	4	5	6
3	4	5	8	6	1	7	9	2
9	7	6	4	2	5	1	3	8

Sudoku #17

9	2	3	6	1	8	5	7	4
7	1	6	4	5	2	8	9	3
5	8	4	7	9	3	2	1	6
2	9	8	3	6	5	7	4	1
4	6	7	8	2	1	3	5	9
1	3	5	9	4	7	6	8	2
6	7	9	5	3	4	1	2	8
3	5	1	2	8	9	4	6	7
8	4	2	1	7	6	9	3	5

Sudoku #18

5	4	1	2	3	7	6	9	8
8	6	7	9	5	4	1	3	2
9	2	3	1	8	6	5	7	4
3	1	8	5	4	9	7	2	6
4	9	5	6	7	2	3	8	1
2	7	6	8	1	3	4	5	9
7	8	9	3	6	1	2	4	5
1	5	4	7	2	8	9	6	3
6	3	2	4	9	5	8	1	7

Sudoku #19

4	7	1	3	6	8	9	5	2
5	8	3	1	9	2	7	4	6
6	2	9	4	5	7	3	1	8
7	1	4	6	2	9	5	8	3
2	6	8	5	1	3	4	7	9
9	3	5	8	7	4	6	2	1
3	5	6	2	4	1	8	9	7
1	4	7	9	8	6	2	3	5
8	9	2	7	3	5	1	6	4

Sudoku #20

6	1	9	2	3	8	7	4	5
2	5	7	4	1	9	6	3	8
8	4	3	5	7	6	1	2	9
7	8	6	3	5	1	4	9	2
1	9	2	7	8	4	3	5	6
5	3	4	6	9	2	8	7	1
9	6	5	1	4	3	2	8	7
3	7	1	8	2	5	9	6	4
4	2	8	9	6	7	5	1	3

Sudoku #21

9	7	8	3	2	5	6	1	4
1	4	2	6	7	9	3	8	5
6	5	3	4	1	8	2	7	9
4	2	5	1	9	3	8	6	7
3	8	9	7	4	6	5	2	1
7	1	6	8	5	2	4	9	3
5	6	4	9	8	7	1	3	2
2	3	7	5	6	1	9	4	8
8	9	1	2	3	4	7	5	6

Sudoku #22

9	7	3	4	5	8	6	1	2
2	5	1	6	9	7	4	3	8
8	6	4	1	2	3	9	5	7
3	8	6	7	4	1	2	9	5
1	9	5	8	6	2	3	7	4
4	2	7	9	3	5	1	8	6
7	3	9	2	8	6	5	4	1
6	4	8	5	1	9	7	2	3
5	1	2	3	7	4	8	6	9

Sudoku #23

3	9	7	2	1	5	4	6	8
8	2	5	6	4	9	3	7	1
1	6	4	8	7	3	2	9	5
4	7	2	5	9	6	8	1	3
9	5	3	1	2	8	6	4	7
6	8	1	7	3	4	9	5	2
5	3	8	9	6	7	1	2	4
7	1	9	4	8	2	5	3	6
2	4	6	3	5	1	7	8	9

Sudoku #24

7	2	3	5	1	6	8	9	4
1	5	6	4	8	9	2	7	3
4	8	9	3	7	2	6	5	1
3	6	2	7	5	8	4	1	9
9	1	7	6	2	4	5	3	8
8	4	5	9	3	1	7	6	2
5	9	8	1	4	7	3	2	6
2	3	1	8	6	5	9	4	7
6	7	4	2	9	3	1	8	5

Sudoku #25

6	5	3	9	2	8	1	7	4
8	7	2	4	1	6	5	9	3
4	1	9	5	3	7	2	6	8
2	8	6	1	9	5	3	4	7
1	9	5	7	4	3	8	2	6
3	4	7	6	8	2	9	1	5
5	2	1	8	6	4	7	3	9
9	6	8	3	7	1	4	5	2
7	3	4	2	5	9	6	8	1

Sudoku #26

4	3	5	9	6	8	2	1	7
9	7	6	1	2	4	8	3	5
2	8	1	3	7	5	4	9	6
1	2	9	5	3	6	7	8	4
6	4	8	7	9	2	3	5	1
7	5	3	8	4	1	6	2	9
3	9	4	2	5	7	1	6	8
5	1	7	6	8	3	9	4	2
8	6	2	4	1	9	5	7	3

Sudoku #27

2	9	1	5	6	7	4	3	8
7	8	3	9	4	2	5	6	1
6	4	5	3	1	8	2	9	7
4	5	2	7	3	6	1	8	9
3	7	9	8	2	1	6	5	4
1	6	8	4	5	9	3	7	2
8	1	6	2	9	5	7	4	3
5	3	7	1	8	4	9	2	6
9	2	4	6	7	3	8	1	5

Sudoku #28

1	5	2	6	9	7	8	4	3
4	8	6	5	3	2	7	1	9
3	7	9	1	8	4	6	2	5
7	9	5	3	4	8	2	6	1
2	4	3	9	6	1	5	7	8
8	6	1	7	2	5	3	9	4
9	2	4	8	7	3	1	5	6
5	3	7	4	1	6	9	8	2
6	1	8	2	5	9	4	3	7

Sudoku #29

6	1	4	7	3	5	9	2	8
8	2	5	6	9	4	7	1	3
3	7	9	2	8	1	5	6	4
4	5	8	3	6	2	1	7	9
7	9	1	5	4	8	6	3	2
2	3	6	9	1	7	4	8	5
1	6	3	8	5	9	2	4	7
5	8	7	4	2	6	3	9	1
9	4	2	1	7	3	8	5	6

Sudoku #30

8	6	4	3	7	5	1	2	9
1	5	9	8	2	6	7	3	4
3	2	7	1	4	9	6	8	5
9	3	8	5	1	7	4	6	2
2	7	1	4	6	3	9	5	8
5	4	6	9	8	2	3	7	1
6	1	2	7	5	4	8	9	3
4	9	5	6	3	8	2	1	7
7	8	3	2	9	1	5	4	6

Sudoku #31

3	1	6	2	8	7	9	5	4
7	4	9	1	5	3	2	6	8
8	5	2	6	4	9	7	1	3
5	7	3	9	1	4	8	2	6
2	8	4	5	7	6	3	9	1
6	9	1	3	2	8	4	7	5
4	6	8	7	9	1	5	3	2
9	3	5	8	6	2	1	4	7
1	2	7	4	3	5	6	8	9

Sudoku #32

4	7	6	5	8	9	1	3	2
8	5	1	4	2	3	7	6	9
9	3	2	6	7	1	5	8	4
6	1	5	3	9	2	8	4	7
2	4	8	7	6	5	3	9	1
7	9	3	1	4	8	2	5	6
1	6	7	8	3	4	9	2	5
3	2	4	9	5	7	6	1	8
5	8	9	2	1	6	4	7	3

Sudoku #33

7	5	9	3	6	4	2	1	8
1	3	4	5	2	8	9	6	7
2	8	6	1	9	7	4	5	3
3	4	1	6	7	2	5	8	9
9	6	5	8	4	1	7	3	2
8	7	2	9	5	3	1	4	6
5	1	3	7	8	9	6	2	4
6	2	7	4	3	5	8	9	1
4	9	8	2	1	6	3	7	5

Sudoku #34

2	6	7	4	5	1	9	8	3
1	9	3	8	7	2	5	4	6
4	5	8	3	6	9	1	2	7
6	3	2	9	1	8	7	5	4
8	7	9	5	3	4	2	6	1
5	4	1	7	2	6	3	9	8
3	1	4	6	9	5	8	7	2
7	8	5	2	4	3	6	1	9
9	2	6	1	8	7	4	3	5

Sudoku #35

6	2	8	7	5	4	3	9	1
3	4	7	9	8	1	5	6	2
1	9	5	3	6	2	7	4	8
5	6	9	4	1	8	2	7	3
8	7	2	6	3	5	4	1	9
4	3	1	2	7	9	6	8	5
2	8	6	1	4	3	9	5	7
9	1	4	5	2	7	8	3	6
7	5	3	8	9	6	1	2	4

Sudoku #36

8	6	1	2	3	9	7	5	4
5	2	9	4	1	7	6	8	3
3	7	4	6	5	8	9	1	2
9	3	2	1	4	5	8	7	6
6	4	8	7	9	2	1	3	5
7	1	5	8	6	3	2	4	9
4	8	3	9	2	1	5	6	7
2	5	7	3	8	6	4	9	1
1	9	6	5	7	4	3	2	8

Sudoku #37

8	3	7	1	9	2	4	6	5
1	4	6	3	7	5	9	8	2
5	9	2	4	6	8	7	1	3
6	8	3	7	2	4	5	9	1
4	5	9	6	8	1	2	3	7
7	2	1	9	5	3	6	4	8
3	6	5	2	1	9	8	7	4
9	1	8	5	4	7	3	2	6
2	7	4	8	3	6	1	5	9

Sudoku #38

8	1	2	6	5	7	9	4	3
9	4	5	3	8	1	7	2	6
3	7	6	2	9	4	5	1	8
4	5	9	8	2	6	3	7	1
2	3	1	5	7	9	8	6	4
7	6	8	4	1	3	2	5	9
1	8	7	9	4	2	6	3	5
5	2	3	1	6	8	4	9	7
6	9	4	7	3	5	1	8	2

Sudoku #39

1	4	3	7	8	2	6	5	9
5	2	9	6	4	1	8	7	3
7	8	6	5	3	9	1	4	2
6	3	2	4	9	8	5	1	7
4	1	8	3	5	7	2	9	6
9	5	7	1	2	6	4	3	8
3	6	1	8	7	5	9	2	4
2	7	5	9	6	4	3	8	1
8	9	4	2	1	3	7	6	5

Sudoku #40

4	8	3	1	2	5	7	9	6
6	5	7	8	3	9	4	2	1
1	2	9	4	7	6	3	5	8
3	9	5	2	1	7	6	8	4
7	6	2	9	8	4	5	1	3
8	4	1	5	6	3	9	7	2
5	3	8	6	9	1	2	4	7
9	1	6	7	4	2	8	3	5
2	7	4	3	5	8	1	6	9

Sudoku #41

6	9	2	8	1	4	5	3	7
7	4	1	5	3	2	8	9	6
8	3	5	6	7	9	4	1	2
1	7	8	9	2	5	3	6	4
2	5	4	1	6	3	7	8	9
9	6	3	7	4	8	2	5	1
3	2	9	4	8	1	6	7	5
5	8	7	2	9	6	1	4	3
4	1	6	3	5	7	9	2	8

Sudoku #42

9	6	3	8	4	1	7	2	5
7	2	4	3	6	5	1	8	9
5	1	8	2	9	7	6	4	3
1	3	7	5	8	9	2	6	4
4	8	2	6	7	3	9	5	1
6	9	5	1	2	4	3	7	8
3	4	6	7	1	8	5	9	2
2	5	9	4	3	6	8	1	7
8	7	1	9	5	2	4	3	6

Sudoku #43

4	2	7	3	6	1	5	8	9
6	3	8	9	5	7	2	4	1
1	9	5	4	2	8	3	6	7
9	1	3	2	4	6	8	7	5
2	5	6	7	8	3	9	1	4
8	7	4	1	9	5	6	3	2
3	8	9	5	1	4	7	2	6
7	4	2	6	3	9	1	5	8
5	6	1	8	7	2	4	9	3

Sudoku #44

2	4	7	1	5	3	8	9	6
5	6	8	9	7	4	2	1	3
1	3	9	8	6	2	7	5	4
9	7	2	5	8	6	3	4	1
6	1	4	3	2	9	5	7	8
8	5	3	4	1	7	6	2	9
7	8	6	2	4	1	9	3	5
4	9	5	7	3	8	1	6	2
3	2	1	6	9	5	4	8	7

Sudoku #45

4	1	3	5	8	7	2	9	6
9	8	6	3	4	2	1	5	7
2	5	7	1	6	9	3	4	8
3	9	8	2	5	1	6	7	4
5	7	4	6	9	3	8	1	2
6	2	1	4	7	8	9	3	5
1	4	9	8	2	5	7	6	3
8	3	5	7	1	6	4	2	9
7	6	2	9	3	4	5	8	1

Sudoku #46

2	5	9	4	6	7	1	8	3
3	8	4	5	9	1	7	2	6
6	1	7	2	8	3	9	5	4
5	4	2	9	1	6	8	3	7
7	3	6	8	4	5	2	9	1
1	9	8	7	3	2	6	4	5
4	6	1	3	2	8	5	7	9
8	7	3	1	5	9	4	6	2
9	2	5	6	7	4	3	1	8

Sudoku #47

6	3	7	2	4	5	1	8	9
2	4	8	6	1	9	3	7	5
9	5	1	8	7	3	6	2	4
5	7	9	4	3	2	8	1	6
4	2	6	7	8	1	5	9	3
8	1	3	9	5	6	7	4	2
1	9	5	3	2	7	4	6	8
7	6	4	5	9	8	2	3	1
3	8	2	1	6	4	9	5	7

Sudoku #48

7	1	9	6	3	2	4	5	8
5	3	6	1	4	8	2	7	9
4	8	2	9	7	5	1	6	3
1	9	3	5	2	4	6	8	7
6	2	5	7	8	9	3	1	4
8	4	7	3	1	6	5	9	2
9	6	8	4	5	3	7	2	1
2	7	4	8	6	1	9	3	5
3	5	1	2	9	7	8	4	6

Sudoku #49

8	5	3	2	6	9	4	1	7
4	6	1	7	8	5	9	3	2
9	7	2	4	3	1	5	8	6
2	1	6	9	5	7	3	4	8
7	9	8	6	4	3	2	5	1
3	4	5	8	1	2	6	7	9
5	2	9	3	7	8	1	6	4
6	3	7	1	2	4	8	9	5
1	8	4	5	9	6	7	2	3

Sudoku #50

7	1	2	4	8	9	6	3	5
9	3	8	1	5	6	4	7	2
6	4	5	2	3	7	8	9	1
2	5	9	7	4	8	3	1	6
1	7	3	9	6	5	2	8	4
4	8	6	3	2	1	9	5	7
5	2	7	6	9	3	1	4	8
3	6	1	8	7	4	5	2	9
8	9	4	5	1	2	7	6	3

Sudoku #51

1	4	2	7	6	3	8	5	9
6	5	9	1	4	8	2	3	7
8	7	3	2	9	5	1	4	6
9	1	4	6	5	7	3	8	2
7	8	5	3	1	2	9	6	4
3	2	6	4	8	9	7	1	5
5	3	8	9	2	6	4	7	1
4	9	7	5	3	1	6	2	8
2	6	1	8	7	4	5	9	3

Sudoku #52

5	2	9	1	3	7	4	8	6
3	7	1	4	6	8	5	9	2
4	6	8	9	2	5	3	7	1
6	3	4	7	5	9	1	2	8
8	9	2	3	4	1	7	6	5
1	5	7	2	8	6	9	3	4
2	4	5	8	9	3	6	1	7
9	1	6	5	7	2	8	4	3
7	8	3	6	1	4	2	5	9

Sudoku #53

1	2	9	4	3	8	5	7	6
6	7	4	1	5	9	2	8	3
5	8	3	6	7	2	4	1	9
7	6	1	5	8	4	3	9	2
3	4	8	9	2	1	6	5	7
2	9	5	3	6	7	8	4	1
4	3	7	2	9	5	1	6	8
8	1	6	7	4	3	9	2	5
9	5	2	8	1	6	7	3	4

Sudoku #54

9	3	5	7	6	1	2	8	4
8	7	2	9	3	4	5	6	1
1	6	4	2	8	5	9	7	3
7	2	1	8	4	3	6	9	5
4	9	3	6	5	2	8	1	7
6	5	8	1	9	7	4	3	2
3	8	7	5	2	6	1	4	9
2	4	6	3	1	9	7	5	8
5	1	9	4	7	8	3	2	6

Sudoku #55

8	4	6	3	2	5	9	1	7
2	7	9	6	8	1	3	4	5
1	3	5	4	9	7	6	2	8
9	1	3	5	4	2	8	7	6
5	6	8	7	1	9	4	3	2
7	2	4	8	3	6	5	9	1
6	9	2	1	5	3	7	8	4
3	8	7	2	6	4	1	5	9
4	5	1	9	7	8	2	6	3

Sudoku #56

4	1	6	3	9	8	2	7	5
9	8	7	6	2	5	4	3	1
5	3	2	1	7	4	9	8	6
3	7	1	5	6	2	8	4	9
8	4	5	7	3	9	1	6	2
2	6	9	4	8	1	3	5	7
6	5	8	9	1	3	7	2	4
1	2	4	8	5	7	6	9	3
7	9	3	2	4	6	5	1	8

Sudoku #57

3	9	4	7	1	2	5	6	8
8	6	2	9	5	4	1	7	3
7	1	5	3	6	8	9	4	2
6	2	9	1	4	5	3	8	7
1	3	7	2	8	9	6	5	4
4	5	8	6	7	3	2	1	9
5	7	3	4	2	1	8	9	6
2	8	6	5	9	7	4	3	1
9	4	1	8	3	6	7	2	5

Sudoku #58

6	9	1	4	5	8	3	2	7
4	3	8	6	2	7	1	9	5
5	7	2	1	3	9	8	4	6
7	2	6	9	4	1	5	3	8
1	8	9	3	7	5	4	6	2
3	5	4	8	6	2	9	7	1
9	6	5	2	8	3	7	1	4
2	1	7	5	9	4	6	8	3
8	4	3	7	1	6	2	5	9

Sudoku #59

2	6	8	5	4	3	9	1	7
7	1	5	9	6	8	2	3	4
9	4	3	7	2	1	5	8	6
1	9	7	2	8	5	4	6	3
6	5	2	3	7	4	8	9	1
8	3	4	1	9	6	7	2	5
3	2	6	4	5	9	1	7	8
4	7	1	8	3	2	6	5	9
5	8	9	6	1	7	3	4	2

Sudoku #60

6	8	7	9	5	4	2	3	1
1	5	3	8	6	2	7	4	9
2	4	9	1	3	7	5	8	6
3	2	5	7	1	8	9	6	4
4	1	8	5	9	6	3	7	2
9	7	6	4	2	3	8	1	5
5	3	2	6	7	1	4	9	8
8	9	1	3	4	5	6	2	7
7	6	4	2	8	9	1	5	3

Bonus Pages

```
N  F  W  S  A  H  L  E  I  S  Y  X  X  W  O  C  O  N  N  U
A  C  B  L  I  F  L  E  H  H  Y  P  E  R  J  U  M  P  T  E
G  A  L  L  Z  B  S  J  H  Q  H  P  W  G  D  D  U  Y  T  Y
U  A  I  B  A  I  R  E  L  Z  J  M  L  S  U  X  G  T  J  W
T  N  Q  P  Q  B  F  C  Q  T  W  O  H  W  R  M  N  Z  Y  M
M  G  M  U  D  E  G  T  S  C  K  V  N  H  I  Q  U  F  F  T
J  U  S  T  N  L  X  O  O  A  I  B  S  T  N  P  K  O  R  O
J  K  I  D  B  J  Z  R  J  J  Z  N  L  V  G  Y  K  Q  C  Z
M  O  Q  F  P  A  E  P  Z  S  C  J  R  R  V  P  J  O  J  O
R  L  J  O  A  L  X  S  C  X  C  G  U  T  N  G  U  L  B  V
D  D  A  O  E  P  T  N  Z  E  P  T  F  M  G  B  H  P  X  E
H  T  P  R  L  C  D  Z  L  U  Y  H  L  Y  P  V  B  L  Z  R
H  E  Z  A  H  P  D  F  F  X  B  P  H  Z  R  A  K  G  M  J
O  Q  N  G  T  L  C  U  Z  K  N  N  K  W  M  Q  T  L  F  U
P  G  T  N  R  N  O  L  N  E  I  M  H  P  M  K  X  H  K  M
P  B  X  A  O  X  F  K  S  T  A  Z  Z  F  G  K  C  C  O  P
E  T  L  K  F  Z  P  D  I  C  I  Q  S  R  E  T  H  E  E  N
R  D  C  G  V  J  E  Q  X  P  V  L  K  L  R  I  H  I  N  X
F  S  H  F  L  R  Y  T  J  H  X  C  D  T  I  M  G  B  M  G
G  Q  Y  I  X  C  K  S  K  X  U  M  U  D  J  T  W  Y  D  N
```

DURING	HYPERJUMP	OVERJUMP
EJECTOR	JUMPABLE	UNTIL
FORTHLEAP	JUMPATHON	
HOPPER	KANGAROO	

```
S J C N U O G D E J U D P O D L O O R O
P T C H Y P A A B F K M R F P A N O N O
Z J R K K T B C V O K K C T H S T U W P
N L X O S S I J T X L Q P O B O Q L K T
S G X G O I A H H U P P C J M I C B T D
S K P K Y T A O H P V N I P X W M I O O
G Z C S T U W P M W R C B M A T W S Z G
G B Y L I H E F R D Q E D T I R H Y U M
R E N N S C A Z V B R K S T L J K C O R
Z Q N K Q A T S P F B P G S O R P O L T
A F H G X R H Z J O V C D F U O O B U L
X E N Q V A E V G L Z K J K D R B U R R
W R F C W P R U L J K M S V A Q E W K X
F T N L N U E X C B W P E C D Q X X S O
C I S K K J M R N I A R A T S O Z H F C
N L V P U S F Y E V N T V U E U P A D O
M I I L M R F S V C G V M D Y D W B F N
A T L F F M I Q I T A J N Q J A C V J R
T Y E B A E M R Y H K P M Z J N M U D O
X F G D D M W F V J G L S Y E F T A F E
```

BOOT   OSTARA   SPACER
CONROE   PARACHUTIST   WEATHER
FERTILITY   PARKOUR
MOTOR   PRESSURE

```
R  Z  Y  W  R  B  K  N  D  P  W  H  C  A  O  N  V  P  S  I
Q  V  Z  V  J  F  W  R  L  Z  R  G  F  V  E  H  C  X  Z  P
Q  R  K  U  G  R  C  H  U  A  T  E  F  Z  G  T  Y  Y  P  M
R  X  M  U  V  L  J  C  M  N  O  S  A  E  S  S  Y  F  K  L
B  P  Y  P  T  C  S  R  X  J  S  Z  G  G  C  P  H  Q  K  V
S  G  D  T  E  U  Q  J  M  F  N  J  T  G  C  Z  V  B  Z  G
G  B  J  B  H  T  M  S  W  E  L  H  S  J  U  R  R  V  Z  C
P  T  R  Z  M  L  Y  L  X  I  S  P  R  I  N  G  T  I  M  E
Z  V  H  E  E  D  N  Z  T  H  N  V  D  I  T  D  N  O  Z  H
P  Q  O  N  W  V  E  Z  N  I  O  T  C  O  S  G  X  W  N  U
X  S  K  I  P  O  D  F  Z  A  O  P  E  G  E  U  I  A  S  Y
R  Y  G  C  Z  I  Q  U  N  K  R  C  O  R  T  O  H  X  K  P
K  P  O  O  T  X  Q  S  R  F  J  P  Y  R  P  R  R  F  X  K
C  G  R  Y  O  P  O  P  J  J  N  K  D  A  E  B  V  Q  D  S
P  E  C  N  U  O  B  K  J  T  U  N  E  M  A  O  G  D  L  W
O  J  D  B  G  Y  T  Y  Q  Y  D  L  M  D  C  U  C  E  P  Z
X  O  W  Z  L  T  Y  R  W  L  O  U  R  S  K  N  L  T  K  Z
F  N  L  Z  H  C  N  G  S  C  S  Y  H  U  J  D  Q  J  I  H
P  F  P  J  N  V  G  Y  W  O  V  R  P  L  P  B  R  P  P  K
T  D  E  W  J  F  M  B  P  P  U  V  L  N  S  W  O  C  F  V
```

BOUNCE	LEAP	SUMMER
BOUND	SEASON	WINTER
HOP	SKIP	
JUMP	SPRINGTIME	

```
M K O O Q F X J L W I K A J N Z S N Q W
T D V L O P E G B X A F R Q X C R Z C S
Z L G H G M D L W B S D D E W Y M Q H E
V X E F L W O E E B E Q X Z L E D E B N
Q F L H P C Y F J A R C I Q I P C P E L
T J Ä W O Z W U U F P N M P Q W J S H U
C K N G F L X I J O M I Z X V I A F Z R
C C D F U G I S W B U F N N C H P X N Q
R J E M D L E D O G J W E G U W P W M Q
K N S A I R O L A R D D M I L I C B Y B
N O P S H I I S A Y I D X E K Y N L C Y
U I R C J N J B U N M F C S S C G L T I
H S U X H D I E W R D Q R R M N D O Q G
W T N K D U P U L W L E B D I R C M S A
F I G D W F L Q C C V C S T A N V T R H
S N L G H A K V C O U G L P Y E W Q J G
N O Q O X C T C L C E U Z C R T S G A L
C U T L D K I E C Q A S Z A R U F E W J
D P S M D W Q X X V V R F E J P N D P G
S K X L X G J G E F Z Q R X K Y D G Q C
```

COLD HOT OVERSKIP
GELANDESPRUNG LEAPINGLY VAULTINGLY
GELÄNDESPRUNG LOPE
HOLIDAY MIDJUMP

```
D P Z Y C V X C W M Q B S W C T Z M J L
J Q L N C M O U T L E A P R F O E K R Q
O S Z K E L W V I L C Q F F K F L D Y A
W I W J R Q D P A R A C H U T E J E P H
Z F W N W J L E Q P R Q L D V Q C U J Y
J W E T D V E K M R B C P M G N E N D J
B B E G A N W F R Q V C W H E S X O A Q
U W H V W B T D V B A Y Z I X Y C M I K
K N M Q U F T U T Y D E L N X Y O M D R
V C A T P E U E P N B I D E X L Z D S H
C E O W L X B H K Q S D Y M R G I T L C
O E J C C F G S C E Z Y E F R O R Y L M
B E G I N V E K R G P C B J V A V P R A
W U E S M C B Y O V N S E Q T T H E S B
B Y J P Y D Y D G I R S U S E L T I R Y
G U G U Q M U I S A P K K F V B T I T T
R L R L U D W V X A C B Z A E Z D O T G
Y A O Q L L B E I Y Y H M D Z S R D H P
C S Y U A Z T Y N V O C O L C U F I Y F
E U X U N M Z B N H A M N V T D O L D O
```

BEGAN OVER SKYDIVE
BEGIN PARACHUTE STARTS
BUTTWELD RESILIENCE
OUTLEAP SINCE

```
D T A O B T N E X P Z J L L N W L T K M
N X I R O O E M R S Q V L S N C X G U V
F B B W I C G F M H Y O R A N C W P C V
Q G Q N F X I E J E R P F H U L S V T B
O D O W Q J J G K R A O U E W P F U O B
K L Y B E B T K S T O L K L R C R E E K
R A I Z H O Y E L U B G I I U V B Z K H
H A N T I T S B K I G B N V U G O G E L
V D X L P T T I Q D W G P R Z P J U Q M
N L P D A L T D E F H O S P P I A K O K
K I Q R X E V P N K S N I S A T U I W K
D U S Z H D N A C D O Y W L O F M T N O
P U E N N C X K Y I F W G Y Z O L S X Z
Y B J J H R X C L T F R T J S X V H O M
R U B B E R U L L S E Y Z X C Q L V Q V
V Z O Y T N A P X J W S L I T R Z R K S
G D M A O C M R E J H S K K P F F Z T T
N S I K S V C M D Y E K P A E S B K A P
D F D D D D L M H I N S M K M N O G T F
Q W J I U C L Z W P X R L Z W P V A U T
```

BOTTLED   RUBBER   VAUT

CREEK   SCALLIONS   WHEN

ONION   TAP

ROLL   UPSPRING

```
C C P L D M G A F N V P F C R Q J S B I
V S C R A T V V U A B L A X K L G A E B
N W H R V T A H D E M A C R W O E H E A
H Y U W F N S U Q Q G S K Z Z J R Z J G
Z P C X N U D P A W I T Q J Y S A J M S
N M O S Z A D C R F L I I E A D W K P W
J U A Q W M I A X I J C E Z J W J W O I
D J Q W K R I A U A N D Z F U V N O F T
G L Y I G H F N U J I G M I S V W A E C
J J H X N H T G G L N S L S O R M J C H
N F M C J G K K S N I O S Y S O H B V Z
T E P X B Z A F Z N F P B M K Z L R L C
U G P Q Z C O E A D R M K A Y M W R U J
S R L M R P Q H Q I O R T Y L F N G K K
W N R G I N C Y N M S H L A R E Q T V H
U A A P D E I G R A J Z V I W U R T X N
I Q R R M V T W D H O B A E V L A V J V
M Y M R S R Y B V T S Q M U Y U J M Z E
Q A L C A M Y W B F B W U T J D B R T A
Q M C P Q R V Z V W D Y A M C E S W L Q
```

AIR
AT SPRING
JUMPY
MECHANISM

PLASTIC
SLIDE
SPRINGTRAP
SWITCH

TAKOMA
VALVE

```
R O S M Q B W M U S X O O S O Z D V F G
E K X G R O J L I L D W B F D V C E E W
Z W M N F K A Q Y Y I H V C F I X Q M B
R W U C O K A Z O B U R I H M U E M Z S
C B T B W R U N S A A F G T R A L D G L
I C T P R O M I R H F Q Y P M Z F T G T
L N V W L W S N O W Z I T D R P R M Q P
U L R Z Y K M X T F P K M V Q C E R E P
A Q N D C C I I F R F U W P L I T A T Z
R J O V N I Q R J M E S H Z B E L M E R
D I H T G R U M K V Y G E X K E U M H D
Y P I N F B W R U Z X U R A W V A D T Q
H Q K X I E W A N O N T V N S N V E A K
P M Q U Y Q N W Q Z X J F R L O Y R B P
C Z D Q T H N I B E W B K P M M N J V N
A N O V I L M C N E F X H N X R Q H V Z
N Z H M J V C Q X Q U C R B E V U D L P
U E R U B R Q W Q T I S J X H G E X W N
X D W F Y M U C G U Q Y Y V F X X Q H R
F H Q A I E N W S J Y C Z E M B C Y E G
```

ARM   HYDRAULIC   VAULTER
BATH   NEW   WARM
BRICKWORK   NEXT
FLEX   OFFSEASON

```
H U A J T B M H T O P G B O P K M Q I Y
T F E L L U T D E I F I R U P A C L Z J
H H U O P W C Y Z T N B I B V Q E C Y I
E P W T I H E C S U P N Y F I N J L X I
S M K U K L U W G U O T I M M D A O P W
C P Y J S Q G E W P C Z D E P L G G D U
J T H Z P L J L U B U S J G K I V E L Y
U L J T O L A J R Z Y Z Y D S H H B K I
P S E M H K M R Q O J U Y L V Q O A Y H
P P H Z T A A H Y C N U G R T H G I R B
S C F R K R A X T X W R U O H O B A K S
J Y G N I M Y U I O E P P T D L Y V A T
F W Z W D A Y T Z M H Q O P E W M W U S
W Z G P S Y X Q M G O W U I F D G S V O
U W L A R W T A V I T S F J G T Z E Y G
E T K A T L H Q A E M Q H F V Z Y W N D
S G R K F I Q Y M A C E F I R S T S E T
E Y T G G T P R H M A S N O W G N U O J
X J L R U J Z A L N Q Z T N N O L L A B
W B V Q L L X E C G O G S F K A H K E L
```

BALLON	HAMMER	SNOW
BRIGHT	HOP-SKIP	UPLEAP
CAPITA	JUPON	
FIRST	PURIFIED	

```
K A S E B C D P S P I X O K R A B Y A M
N A A Q Y L B H V P I F I L R N S H V E
F R I U J R T I W S F D I A G V I L Z U
F F I I Q N A K M Y Z O E Z M V K S Y L
H Z I O O R M L L U M M L E M Q K O J L
S D X M H F T I U F H C C L Y B T S W H
H A J G M Q Q P R G Y A A K H D K V D V
I O Z H R C J N I Y N Q D M H F Q X E M
Q U Z V A C G C V A X A B D C H Y J S R
E C C Y H J Y A E W B W U K F A C P O E
P S Z X L Q V S R B S I T N R E K I I J
V H B P N G I R A J L H T R T I J W U Y
D D V N E A N N U F O P O A D F I S E T
N K O E P V I I S H B D N F H F F C X Q
E V G V N L O C G H C R P W V D C E H F
G R D B T H C Q R N E C O E N D H T Z S
Z R I O O Z I X P B I Y P U Q V T Q I A
F J K W P U G K I O M R C M S Z R L V V
K Q H M L H P H A B I X P Q P J K V J X
P N G O R E S S S V X K G S T H J O N R
```

ANGULAR   KOTLIN   SPRINGINGLY
BUTTON   MONTHS   WIRE
CAM   MSI
HIBERNATE   RIVER

```
R D O F T X S H K M N S D V E U L H H O
S R E T A W R Q J S D K P N B B D H T G
U F R D V S H Q M P V I P R A N M P X T
K Z E B U T M U M A J R J O O O O V E W
E E E C W R O V O N I R U I T I N E O F
I X N H K A F P U G D R K H E J N J R P
M U A E P M D W C R N I P X A K N G O D
K S H R J P K E Q V G M Z N D Z U J N L
Z C O R M O B N D N C N Y L J O D F L G
V R K Y T L R N V U H G I I Z S Q A O I
A F U G Q I R O B M B K Q R F D B D Z V
F R K U W N W J X D N I B G P M A X H D
I T N I T E O I M K O R B T O S O Y M Z
T N E A P O S P R I N G S T U H R C X M
Z O T H M F K M U A U Z W E O R Q E O A
B W E Y N L L E F S R Q B R J I P C V S
G N F V V I F W Y N C W K D Q H E F U O
A W Z H R C E A A I K V V F L D E S Q N
M C H S P R I N G B O O T C S O X E W S
S X E N R K Q K B S H E N E S V G R P I
```

CHERRY SPRINGBOOT TRAMPOLINE
NEAP SPRINGS WATER
OVERSPRING SPROING
SPANG TOMBALL

```
T B N J M A E E Q T X L M V X F K P P V
Y W O R G U F H L B W T V S C M B B M P
H S F I I B X O T U L M D C D U O L J X
P L H U L G B K J Z P Q I S R V J X A I
R B R E G E N E R A T E P X A R G W W Y
O I G M L L A Y S V I V R T V N F A E L
D P T T H E W Y E Z O Y T Q M L H W S M
U W E W A X T W M S P M Y L E N N Z Y H
C I L X Y C A M O M N I G I J J N U Q R
E E W O K S T Q I V Q N K H X Q F F E J
F B R K X O D K R O G E F K P U L V E G
D C N D M G B S M Z W R M M N W E G I L
O H Z O F G E B H K A A Z O C L C G H F
Q B X V N K Y S N I A L N I R G R C M G
G Z D E G R B W D W U H O R T A U C V B
X X X J D G B L N F V I V S V Q C M U I
H L V X Q D I H I N M R M T O R V Y O E
F O V B N L U H U N C X E Y S W G X H Y
R Q M X Q N J X U S G G F V Y W X Q J I
O A O J Y C I D M Z I B A R S W A J L L
```

BOLT   LEAF   REGENERATE
CAROM   LEVER   THE
GET   MINERAL
GROW   PRODUCE

```
R I T R I G G E R P U V E U Q P Q A A D
E P R P I G N E S E S Q N R Q Z Q I M O
O P A T E M J E Z K G L D O K Z T U D B
T F T T K X J E K Z L E M K F S S M L Z
N S V Z J R N N C B D D M E D P Q A R S
P Y K Q S C C Q R X I D C Q D F F N O G
Z E R C B K F O D E F T V L E D F E B U
D J C A P S K P S Q R B E W V A J B X R
O K P L C L V E Z P Q W X X E R P H P U
S F A L K Q N V L Q S O B K L Z E X H Z
D T S E G I U F R R Q L I J O W I X S G
E K T R P M Y I L W O J E V P W X U A M
F I P R H R S H R N U R L I S Q F G Q W
B C M A Q W X L S E L Q H F I R N N P T
D K U B E U R M K V N H Q P D K G F G
I A J I Y P L I G K Q B U E R G I E T M
D S G G G L N C B R O Y T X C Y K N P H
X R B T A J Q O W A I Q K O P F K W E J
P N V B L Q W S W F I F L D O Z F W M F
G Z G E K T P I J K P B G O I R W G F B
```

ACQUIRE   EGG   ROOT
BALL   END   TRIGGER
BARREL   KICK
DEVELOP   PLATE

```
L N W J R X S E V F P Y C J X T H F N X
B Y R Y G U T D B H I T T H D C I W I U
J Z M T Q S W T K B C E D V Q B N E Q S
R R F Z P K C B Q G H M U M W U C D N Z
Z E T E Z E G N S A R S I H H B O N I J
M A D E U E Z D D K L P M U P K M E U T
V F D S B W N P H R R F O F S R I S T Q
B K N O H S S I E E B I D P J L N D I I
R W J Y M I O U H X Z C C N N S G A M R
A A V M X N R T S U Q W O X A T F Y A B
L K M K V D A T U E S D A Y F L R V K N
A W R W X E S G I T X K P R K I E X S B
A F D S W Q J B L N S N P Z C A S K C G
P Q I T G M Y H W D G D G X J J H D A D
R R E W Q G V V A J N C F I T T M Y P L
I W B P W T H U R S D A Y E H X E X C A
L I J H G K Z F Y M A U L G T R N N B Q
O I T T Z W L F D B F M I I K F Z T P R
L P G B D L W S O P Q E T F O B Y C L L
I Q A A N A Z X L Q W A P W M J O X Z N
```

APRIL
INCOMING FRESHMEN
LAKELAND FLA.
REDSHIRTING

THURSDAY
TUESDAY
WEDNESDAY
WEEKS

WEIGHT
WET WEATHER

```
P F C I B D R U T M Q O J P J U S W U U
Z T C G W A D E T E N T Z R O L G O Z U
T V U Z R Z Y T Q Q F T G J J C K W G R
H S O I N O S V V P D I X X U U R U G Q
S E U L X F B K O G D J G A L H L Q K S
N Q V G U Z M V X D P C G H T P W Y E C
X O W N U N X H I H T V M A R C H L G B
M E T Y D A T W G H K G W C X S A R I Y
G P Y L L I M A Q R U J H D M L Z G K J
M K U C H Q A P R O S J Q U A R M F C O
Z Z C I J D E S R Y Z A F T C Y Q P N I
C G R E E N E E Z A W E I Z Y R S W Q L
V F S E A F E O Q C C O I R N V E R T D
K O N P T V M Z Q P W B R C R D Q D Z C
G U C I N P L I B O W D Q K O L C J E O
N Z H R P S I Z X D Q A Z F O Y H O R M
M J D M W K G U I D E M Z X Y U K J H P
E M O G I V G L V X B P J Z E B T P B J
X U K N G P Y C G R U E F D H Q J S Y G
W W Z U N F T D E W E R N R V X S X N H
```

AUGUST	GREEN	PIN
DAMPER	GUIDE	VOLUNTARY WORKOUTS
DAYS	JULY	
DETENT	MARCH	

```
K O T L C N D D P S S C U D O S Y O I F
H V S J T T I Y R I O J U N E L Y A S S
O L I E J P W S K V Q M O H T I Z D M S
S K G V P S Y S R C T J X G N O I W H X
I B K T C T U Z B P F L A U S C D U Q V
H V C K B W E S T A O C T O B E R K H Q
D U V I D K S M N G Y W I Z P N U Z Q F
L R B H M Y T V B O B U J M R X B K F Z
Y N F R W A Z E J E V N F H W Q F S N L
R A N E R M E F Q X R E N T N L O I L C
N B I K B G H B A A B G M B T M O W J Y
P L R A U R R P O P P U S B S F V T L L
K C C E L Y U P W A M G V U E E F Y I K
O H Y R E R N A K W W Q R H W R P O G B
S Y W B B A N O R E C O D G H Z U B V
V O C X Q U W F B Y P G P T R S Y Q F Y
M J B M K N W U F P W B B B U I C T M L
N Z S Z C A T J C S D N A L D O O W D N
A A Z R N J Z I R Z V C M J W S B U E F
V V E N I B U E O B X N U N O Y M X T P
```

BREAK   JUNE   TUBE
COIL   NOVEMBER   WOODLANDS
FEBRUARY   OCTOBER
JANUARY   SEPTEMBER

```
T U W F T Z B W X G Q I T I Z Y O C P V
N K S J D R T Q M Y T U W P K Q S Y O K
C J I P F A S E A D Y D B H Q L C Y R T
F Z A D M T B H Y C Y O R W W I R F B S
I U K S U M M E R T I M E E D U E B W T
M P T T F G F C H K P J S P N Y W A E N
Y E I W U D M J A T L O X A N R Y V L E
F W W H N P H D Q S L B C U F R E G L B
G Y E D K Z F X P C M K R S A F L V J E
R E G N U L P H S Q A T S M U H M F F C
C K K A Z H T I F B P K M F I J B E C O
A W V O R C D A O T F U A C S N E Y Z M
B I O Z N W F K L K S G K N Z L P E U E
J E W S B N Z S L M A M C L I L Q Z D K
X Q P C P V G P O X P I S T O N S H G T
R E B M E C E D W R D P J F U P F N M H
F B C S C C W A E M V J V S B X H R G E
X D M F V J S N R R K I F T J A K P W A
O S J P W X R K S Y L V C M X A J C A T
N T O W D F L F M V S D I B I G B D F C
```

BECOME   PISTON   SUMMERTIME
DECEMBER   PLUNGER   WELL
DISCLOSE   SCREW
FOLLOWER   SUMMARY

```
C X E K O J S Y Y X N I N O H N Z N R V
R R E Z P G O W R G B J W H A I F X A V
W K T X I W S B S P C S G N I M O C K R
R M W M C U X N Y N Q O X R X D J N E N
L T A Y L I D H O L V O U V F X J T H O
J U A Q Z A M O W G N M W L Q R S C J L
F E B V S X L O N Q N B N Z C A M O J H
C X H F N N L B Q N G V R L M K W M A T
R D N V P X V R M Z N P P P S N W T H A
M L C X K R H C U K J E M E O E F I I C
Q J L V K U B I R O R U L C N X G E K E
B F C F X O O C N O J Z D T G V Q V X D
F A S L S T Q M F F D N R P A V S X D A
B D N I G H T E Z C F E C J O S A E L U
Y U E L L Q B X Z E C M H B J N T L M K
F F Q N T O C G E H E M B G A R B X H K
R L C X Q Z C S A O F G U R A H U D W M
I G I O S B J T J I N Q G T G S V E Q J
S X U Z D C I I L F C V S G Z Y X I F K
K U Q X X P P L X Q N G H X N D F I S W
```

BEFORE	FRISK	ON
COMING	IN	STARTED
DECATHLON	JUMPMASTER	
ENTRECHAT	NIGHT	

```
S I O D V F P K E R U N E U Z F G W A L
S Y Z E R O M U W A M A W K I Z G O A K
E N P R P L H N M V Y N D N I A M H I W
E I L E A L R N T Z G O I C B W U Q V Y
U A A W C O M D Z W T A P M J M O M B Z
F R C Y Z W V F W R G M N W B V V A Y P
D O E B L E W Y P A E R I J E J U P S Q
A H B I V D Y O C F A V X J R D Q N I J
W F V G N T E D T A D U Y Z F P I U P F
L Q D E H T E G R Q E F S A K G W V Q U
U J C C D D E B Q T Q O C W E E E X H S
O N B G N R G R A R E P O B E N K C M H
O H F E X M P S C C O S Y G Z M X Q X Y
M P T D S J R P Z A K B H C Q R R U W W
W X Z H Q A D H H G L J V T A K F S E X
E W N Q E L S B R C F A U H A L I S V Y
R L M Y J B O T G F X O R M R E H T R G
J C Z E Y F L S T C E T W Y P C O R H J
Y H B I X J O V S L A J Z O K H Y P Z W
N K J Y J D O K M O U K C U K X S D H E
```

AGAIN　　　　FOLLOWED　　　RAINY
BACKJUMP　　INTERCALARY　YEARS
BEGINS　　　ONCE
EXTENDED　　PLACE

```
T D F R C J G S K K P W S V J I L E F V
P J T U W J P Q O A P F S M R H H A M C
D D Z E E P M L Q Z T V J T C E U N K C
G W V E J J C V M P L E H H F A C P U F
Z K S F D R Z A U B Z U C A E D K O Y X
D H I G G R D L T U D F L T U O W P I T
U W S F D N X O P F U L E I T D S E A L
G J C L V I C R E B O U N D Y H K P V H
T T E X L X I D B A U T U M N K W O Y J
E B E Q Z W B J G J Q U Y P M R M X O I
L Z M H T F R N L L Y V X I Q F R C H J
Q O Z X Y M I I L W R A X O H E X P A N
D K N Z O N D Q C O K U W D P M F W V Z
J A D K N O O L B O K L T A D B O B S J
K L R I B V R K M Z C T C J O M U D T W
P T G U N N C O O V R H N Z I P N Q Z D
L E J N V Z M Q Z N B D E R Y J T D A O
B L Y A S C J G K G S W U T P C A C P O
I J H C L X D A Z D C D J V Q L I Q W I
G N T V R S S E N I G N I R P S N H O L
```

AUTUMN   FOUNTAIN   SPRINGINESS
BEGINNING   REBOUND   VAULT
CAPER   RECOIL
FALL   RICOCHET

```
C O J A C M Q E D K R Q M S X C R Q B G
D S I U G D W O P O E F W P R Z P N Z M
L C P F L F J L R C G N P M D R T B V A
B V I M H G Y W R Q W S F V S U S W O Y
N M W Z U V D P T L D U O K X V A T C F
K A P W S J Q X F G E R S D V Y K O E N
D I X C O N I G A L I H Q M N H M C W E
G N V N Q L C K M H Q B I L K L E N J G
Y S N S Q Z F L S N L E Y A B Y I X U I
Y P Y M Z W Q T X D G A T S N H C V I F
J R O X F V E G U G D L R A C E F C L W
R I V R Y A I K R O U F J C T L I S F V
M N S Z H V H O T S P R I N G L H G N K
O G U I E L A I O P C O M R G G A E R U
N N O U T P O U R I N G E R Y M U S K N
M R O I M E S J M J B B F C W Q K P L Q
R A F L F B R Y O I B P A M M X R A A W
I Z O J D C S V O N R P U Z N L M X H H
W G U F A R P V O R J Q J Z B S T F R K
V Z Q Z J U Y L X B Y B H N Y L Y A F C
```

DAY   MAINSPRING   SALTATE
FOAM   MAY   SKI JUMP
GIVE   OUTFLOW
HOT SPRING   OUTPOURING

```
U  Y  S  C  B  E  V  A  H  L  E  A  F  S  P  R  I  N  G  Z
R  C  Q  G  O  V  H  E  R  T  V  P  H  J  O  B  C  I  E  A
F  Q  S  S  S  L  M  H  R  U  Y  V  P  E  E  Z  Q  Q  P  P
X  V  V  C  J  E  U  R  A  N  P  W  I  L  I  D  A  S  V  X
R  W  C  A  J  L  G  M  B  F  A  J  O  N  G  M  N  T  I  Y
Y  V  K  R  R  A  C  G  B  F  G  L  Z  H  K  J  H  D  U  V
Z  B  T  L  U  S  P  K  N  A  Q  I  E  Y  C  O  G  X  Q  Q
L  U  S  S  S  T  Z  Q  G  V  R  D  F  Q  H  B  W  G  J  K
F  M  F  D  D  I  M  Y  N  V  D  I  K  X  U  A  N  G  J  G
T  L  U  S  J  C  N  G  I  Y  P  Z  U  V  S  I  J  F  X  N
N  B  P  P  O  I  S  D  P  S  O  N  Q  M  R  F  N  U  G  I
O  M  S  E  B  T  Y  U  A  I  T  H  G  P  P  F  S  O  K  N
Y  C  Z  T  C  Y  D  B  E  S  T  A  S  O  E  P  P  D  X  R
N  Q  A  W  O  R  F  D  L  V  Y  D  R  K  N  J  T  E  Q  O
Z  R  V  O  M  R  O  F  H  E  E  X  P  T  V  G  J  V  M  M
M  Q  F  I  C  J  N  S  C  B  G  V  X  I  R  G  O  J  X  Q
U  W  D  H  T  R  A  R  K  F  W  K  J  R  B  G  J  Q  O  S
S  N  M  L  Z  N  U  I  Z  G  M  T  W  A  M  X  E  K  I  R
Q  Z  H  L  J  O  D  Y  D  U  A  Z  K  R  L  N  T  T  B  V
R  B  D  F  S  T  A  N  I  G  I  T  O  N  A  N  L  D  D  B
```

BEDSPRING	LEAF SPRING	START
COLUMBARIUM	LEAPING	VERNAL EQUINOX
ELASTICITY	MORNING	
FORM	SOURCE	

```
N E I O E Q J J Y L V Q M M T G Y R P W
W C E U C R Z P E V K L M M N A E B R T
Y K D Z P Y A D R O B A L I D H N Z B A
G W V H S N F O W V F P R G T H U P E K
H I N Q P V R E A G R P N A P A L F R E
M M O V R L L K K M S I E I H B J Z G S
E N B Z I M I A P L N W H R C Z U W Y H
R C V Z N H G G A E R P Y R U B U V U A
C W D D G M D R P E W O O V H E F A G P
P Q Q E T I U O M I I U R V P B H Z K E
A K E I R T A R N U Q I A V R D N E P J
A R E F A J A W E A T H E R W A R M S W
D Z R N I W E T S N Q E A U P K W Y W Y
J B V A N W L Z A U G F B J T E X W T B
H W F A I T U W L K M S K B H T O S B U
Z P Y E N T V G A O E M F H B D I J R E
C B W U G Q O S V R C F E I B O C L T K
T M S G C R Y J R T W Y O R H P D A D W
U L F J W Q L U S S T I W R S G R I C H
D H R F J E G Y C M W J Y B M Y M F M T
```

LABOR DAY	SPRING TRAINING	WARMER WEATHER
MID	SUMMERS	WEATHER WARMS
NATURAL SPRING	TAKE FORM	
OPENING DAY	TAKE SHAPE	

```
J E J U A E W M M E M O R I A L D A Y E
P A O T Z Q Y I E Z G B Q O R O A O K U
P F Z U B U Q V N O P M I H I N H M L G
B S K D R Y Z X X T N V N B Z X S B V A
U B A B O B D R M L E M B M V E W T R E
F A H S P O J P Q I V R X B S F H N D L
F J K G Z L L R P S P E T B H X H Y G T
E F X O K O X P N B G K H I X L Y Y Y I
R D Y E C T F O Z N S H T A M L D W X U
E B X M O I W B U R O X L T Z E D D J R
B W W X J M F Y E J Q S Z T L P J G T F
D O J J E E F T N Q E R A Y B O G G Y E
H A S L Q N N K E I Y P C E V A I Y X P
E S T Z F I Z S T D Y Y D I S R T M R A
O S S L W O F Y S D W D T Y A D S T Y R
E M K J S J X F T T K K M U A N I Q N G
E E I O N I E A Q I S G G L W F Y M N V
A S X W H W W L B M B I B S D B Y C B F
D O W F O R T M Y E R S F L A T O T U I
C I L E W E E K L O N G X D X E T G V E
```

BUFFER
FORT MYERS FLA.
GRAPEFRUIT LEAGUE
MEMORIAL DAY

MIDSEASON
SNOW MELTS
TIME
WEEKLONG

WINTERS
WINTERTIME

```
D E Z U A R G A V Z F G Z D D A G I F G
R E M R G K W T T Q X R O U J N M C B P
O O Y X N Z Y K I C R Q I W Q K Y B M O
D V D E G A H S T R U T V D A C R T N R
L U C Y D P L Z J W D M Y T A M X U Y C
J A Q N U B I H O C K T G Z J Y L M U R
I X O W M W A J D D K R Z B R F N J M E
A M C O G L L K F J M A L E T D M Y F P
E L F D N V Z K C T N I H A M R C T S M
N H A Q E J Q H H V R N X F Q A G G Q U
V G J G K N J W Y E S I U B M S O E S B
U T V L Y C D L H W G N N T M P V M F Z
G V B X S X M T Z K D G T B T Q I D J M
G O X U B H A D C A D C E B Q G F W H A
U E V S F E F T A Y L A I M S K N T J V
Z S G S W G S X K Z S M J H T Y I O C S
A K V M W R S R L Q P P T K S Y C Y H Z
Y R R T C O L D E R W E A T H E R D A O
A A P D I I S N O S A E S F F O X X G U
W C Q U N S E A S O N A B L Y D D G V F
```

BUMPER CROP OFFSEASONS UNSEASONABLY
COLDER WEATHER ROD   WARM WEATHER
FRIDAY   STRUT
MONDAY   TRAINING CAMP

```
U V Z F N K J G F Z A A A H L D W H M Y
K D A P B H C F D Y S A L P H P R M S B
Q T C N A W V M E T T Y W V S D S D N W
X H V P J R P K F E S I L M F G F D J B
X Q T D J U W V N R O F K M L G W X G Z
S L U P Y B T N I I M U W D T C L C A P
F D R F F G N M U V L R T V W O C E N U
P N Y H Y E Y P S F A I B C S N Z H Y C
A S B Y N C B O G P G V A N I C U K O J
S A Z K N X E I E W X E O A N I I E J T
B K Z O Z I D U V Y O I R D R U X G S I
V H I W X K F P U B N P V D F A G N T E
T Y W M Q Y D P E O Z I Q N S G X V E U
H T M I M N N W I I S U S P E N S I O N
C B M N Q E F Z P Z Q J J Y X O R I I U
O N A T C Q M H K W W K D A M P I N G W
Y E S Y K A H O Z M Y E A I L E D Y Y A
Q V W H O Y I K R A Y U G Q L U R H S U
L E O W R Q N N R Y Z T I Z A F U R Q Y
D Z N P F W Z U K U M R R S F N O K G U
```

ALMOST MINTY SUSPENSION

CNY   ONIONS UNWRAP

DAMPING RAIN

MEMORY SPA

```
S W T I H B N C Y Y R N G H M Y O C A K
Y Z Q H F K S F F T P C B M J V S Y M E
H P B N C I Q A F N C L Q W B N P K F L
S S A A W K R F S L K B I C Z P D O C H
E L K T P E V I U K P L B K K I N C D E
M D K U I S Q A N C F W L D C O X K K A
E O M R H L N B K G Y R O T L U S E D R
S G P E T L D S H V Z W W S L P Z F D C
T W W C C O R O T C A R T X E B F U N Y
E M M I J R W Z G Q J N W H X C H Z F Y
R D F I O B D J A H U I C R Q R F L I A
Z B Z J Y T S A T O B L D Q F I S I X G
K B O U L P K E F M A D Q G F T H S Q Q
Q K B A P A P W P N T V P G A V R A W K
S S T S W D J T A H L O N R P B X K O S
H M J D N A T Q F B D X T T M E T U B H
F J Z C J F S R Q X T I L F J O Z R M K
L I E C Y P A W Z Z N S H F M A Y A Z J
X Z T Y A M I P W G N T G X W W K J P P
P S Y F E O V Y C M W P O Z R Z L J N A
```

DESULTORY   FRAME   SEMESTER

EXTRACTOR   NATURE   STARTING

FIRING   ROLLS

FOUNT   SAKURA

```
I  I  J  B  Y  M  E  L  K  S  N  Q  M  B  G  R  K  K  G  T
L  X  H  M  S  G  D  O  D  T  I  F  O  G  A  M  A  W  O  P
U  M  Z  O  S  S  R  N  L  T  D  E  U  A  F  V  X  U  R  Y
R  V  F  O  K  Q  E  G  G  V  D  Q  T  J  L  X  T  U  W  U
S  A  O  D  O  V  A  Z  K  N  G  W  H  E  R  E  Q  U  D  B
Z  N  A  E  R  X  S  H  K  S  I  G  T  Y  S  X  K  A  S  W
K  N  J  V  V  W  H  B  P  U  W  U  U  H  W  J  F  U  V  H
B  C  Y  R  M  Q  P  L  F  O  E  C  M  A  R  O  U  N  D  C
U  U  A  P  G  A  V  V  W  Y  R  K  X  O  F  G  Y  K  O  N
Z  H  Q  X  F  O  X  A  E  P  N  C  O  C  V  A  H  W  E  Z
Q  A  J  T  H  P  H  M  N  A  N  F  E  Y  K  M  H  H  X  P
G  O  L  D  A  B  Z  G  T  T  P  O  F  C  Y  L  J  J  Z  W
V  X  O  T  I  I  F  F  K  R  I  C  M  Q  U  M  A  F  X  E
P  I  P  T  A  M  B  U  E  G  H  Y  O  U  K  Y  I  Y  I  X
Z  B  Z  U  R  O  A  T  A  K  M  T  V  B  O  J  A  F  Z  R
E  H  B  B  S  W  U  V  N  E  S  S  P  T  C  F  V  I  H  N
J  T  P  F  H  G  T  A  Y  G  G  Z  I  E  S  G  W  X  L  L
V  W  X  D  Q  L  F  K  L  K  U  V  P  G  C  E  H  S  W  P
T  Q  E  R  O  M  A  T  I  S  J  W  H  Q  F  X  R  R  C  N
I  A  I  I  U  T  M  X  L  P  Z  K  T  B  H  B  E  M  B  F
```

AGO	FEW	WENT
AROUND	LONG	WHERE
ENDS	REST	
EXCEPT	SOON	

```
K F V K D T S B I D Q E I M H A Q T G A
Q A R T Q F Q B P U B M T R C D V T V I
K X V I P S Q J Q B S R Q K E H D T N A
W P O Q C O G A H K V Y A E B E U U Z A
Q D Q R V P H H E A D S P R I N G T I F
H P F K L G C O C W Z B T O G U Q P E N
Q G J J G A U V N H F R C P D O A Y K F
U R J M O W S G N R O S B X I N Y C E E
K J Y G M R B T R H I V U Z U R Q O T Q
Y T X O P K X P S A N P O E Q P T V W K
X O V J A H M P Y X S U A D M N P U F X
X E L U Q R Z L P R E C S D D I P N E K
D T G W L U F N I Y E U H R T G L U J F
P D M E C X Y E T R T G W E V K C Q M J
G D O K U Q T M Z P K E U D D F A F D I
Q Q N Q C D K S Z Y T D T L Q U C N Y D
P Q T Y X G M C T U L H C D A E L Q V U
D T O V H E H P B D O R Q R P R M E S Q
U H C D C V Q W E L L S P R I N G X N Z
P O X U B Y Z K F C S Q H C K U Q L S C
```

CHUTE	MOVED	TRIP
DUE	REGULAR	WELLSPRING
HEADSPRING	SCHEDULE	
LAST	SHORT	

```
Q  W  E  J  C  Y  V  A  T  O  M  B  S  T  O  N  I  N  G  J
T  S  O  D  X  N  C  B  R  D  O  V  K  D  C  W  D  Z  E  O
P  X  Y  G  R  N  A  S  X  L  R  A  X  C  F  H  B  G  Y  B
V  L  Q  L  T  R  H  U  G  V  U  A  O  D  S  E  B  G  Y  P
E  X  W  A  X  G  D  J  B  H  C  O  O  S  T  V  Z  Z  Y  A
B  L  D  N  X  M  U  X  L  I  I  Z  O  B  C  J  C  T  H  Z
V  N  U  D  A  V  K  P  X  C  E  R  H  O  R  E  Y  F  C  K
H  O  M  L  D  E  Z  I  D  E  C  E  U  U  N  E  L  Z  Q  I
O  Q  G  O  R  E  K  D  V  R  P  Q  U  I  R  Z  T  A  I  V
P  C  X  U  I  V  D  W  E  M  Y  X  R  Q  G  D  W  E  X  W
S  M  M  P  P  O  C  P  L  X  I  E  R  L  L  J  L  X  E  I
C  X  D  E  M  I  U  U  L  O  D  F  T  T  K  U  G  E  D  T
O  X  H  R  B  S  G  R  L  N  I  P  T  E  L  M  E  L  D  N
T  J  M  M  J  I  G  G  U  B  R  K  S  R  M  P  M  Y  Q  B
C  R  F  V  O  U  C  O  L  L  M  F  P  A  A  S  K  B  C  L
H  F  Y  A  F  I  B  V  A  U  M  Y  O  Y  U  T  V  Y  R  C
O  R  G  O  Y  A  J  W  F  Z  S  F  V  D  Z  Y  D  Z  P  E
M  V  Z  L  B  N  L  O  S  V  O  M  V  Z  H  L  N  S  G  Q
E  X  N  B  X  T  L  H  C  O  T  T  L  F  Q  E  D  J  K  F
B  E  L  E  A  P  V  T  N  E  I  L  I  S  N  A  R  T  F  P
```

BELEAP	JUMPSTYLE	TOMBSTONING
BOUNDER	LANDLOUPER	TRANSILIENT
HOPSCOTCH	SUPERCROSS	
HURDLE	TEETERBOARD	

```
G H Q I D B E B F K H A I R S P R I N G
J S B U S J B B P X T N H I U G C I R N
S N M D Q O T N X K F W D O U T H R B Z
I S N I H V W V F L L Y R H P X P G R R
G G P E D L I I S O N R S J T K R F W Q
O R S R Z S X P A Q N S O A W N Q Z V Y
F E V B I Z U C B B Y X U E Q S O D W J
R Z G F A N E M A S F E B C M O U M F H
O L S T B D G A M G O G R P K L R J Z O
O O H H D A I E C E Z G E K D Z H H M L
J Y O B A G S X Q J R S S V E D V A A X
B Y W K F M L O O U F I A B S V A M J D
D O J K C G M I T H I B U Q O T Z W K V
Z F U R D Z S T U M U N T D U Y H S X K
M C M N G N U U N M Z A O O J S F Q A V
W U P Y D K T S Q Z S Y G X A T S V V Y
L D I T M O H G O Y X N L N T J T T G Z
A B N V H T F A M L I Q K I C K B A C K
O R G Q L A D F N R M I D W I N T E R K
P G V G Q Z E P B F X N P C P T E V D R
```

BOUND OFF   MIDSUMMER   SOUBRESAUT
BRING OUT   MIDWINTER   SPRING EQUINOX
HAIRSPRING   MONTH
KICK BACK   SHOWJUMPING

```
K W S X Z S M E D W I Z A A H U E F A P
R Z Q V Q E T N C R W Y T N J Q B E I M
R G L F W B H W Y L I W R F S D F R N U
G Q D M W V A F J W O M W E H W I C I J
E G D W U A L T S I C C B R G D C B S D
R B M N B F L F A B R R K T D R G X A A
H O E K S V O Q F K L G T S W S T L U O
C O U R B E T T E O I B J N P E F C Z R
V U E X T Q I S I K P A F Q W R L H O B
S W K D V S D M P Q B M E A K P I D G K
G Q K N U S Q R V R W Y U O K N F N E T
N I Q K L R N T N T I K F J U K D L G S
Z O V U R T X Y C I V N F E L H H C L L
K T O K M M K G R Z L C G A R L D G S L
K Y S S S N Y G S N F H W H K Z D M X W
W A G I I L T G U W F K B F O O F W X X
O E Z L K M H N K Y C U M J B U J T D O
K L S F R G C U F U L T I G C R S A L B
R T X G T H O G D E G N K H Q O E E A K
C X X J Q K E T R G J U M P E R F H B F
```

BROAD JUMP   JUMP OFF   SUN
CLOCKSPRING   JUMPER   THALLO
COURBETTE   SLINKY
DUCKWALK   SPRINGHOUSE

```
K G N M O O L B S L W R V L U X Y Z N E
Q L Q T H X N F Z V Z G D D D V Y W L B
Z M N S M A S H S T A C K X O V K A X P
H C Z U B U N U C G P A T G U S R U I
W J D X F O S S E N A R C R E W O T W D
R M R E U A A M M M R K L W Z R S B D G
C H O X Z M R P Y V S M E F D A W C J R
S J C Q J N K Z N C H X E Z L Y K K H Q
N A U K L Z L P Y M Z J M T D M C U G J
H M M Y Q R X B K A K U O G A Z P D B N
P P P U S I X E O D Y M D Z K K M J T G
B M R R G Q I O O M O P B O P J T V N P
M Q U F E M U W U R Z A W A T U I R W H
U A R J T S Z Y T T L B H E R L R Y F F
T J T O T Y E A Q G J O N O N R W E G C
G V U V L E L A W O L U U Z P N Z U B Y
E X F P F E K Q S L M T M T H B M F Z R
I Z B X W I S C Q O D D B P Z G A J R L
R U M E O T N V O I N C V R W R A C G Y
H Y M H F B B R X R L K H D L J D X K R
```

BLOOM   PRESEASON   TOWER CRANE
HOPBACK   ROCKET JUMP   TUMB
JUMP ABOUT   SALTO MORTALE
OUTJUMP   SMASH STACK

```
H J G U W O M R Y K X I Z C E F E F F W
U N Y E L E B D G S N D F U W E A M Z Z
E B I I I B D N Q G T Z S O D J M G H M
R R T R L A Z W V G R G T R X P L N H M
Q V F L H Y R B B U J X P W E T Q V J A
V Z V K J L G J B S D R H X S V O S B T
S Q A A Y U Z B N N T Q M A Y I E J U T
J F Y R Z E R A L Y H Q M B R E P A W R
N Z P B W R P J E H R T Q U C U G P L E
H X S K I X F S G N S Q N I P P B Z D S
B I O E N W Q F L I U A S U C B H A E S
G Z C B U R S T R E R E R D Y Z I R Z D
S Q L X J E Z H U I E F B Z K V K W B I
N Z I T G C C M W C V A G J C F T Q D S
C X P O B H K P X N O I T A M R O F R T
M C P U R C I C K F C V R Y G N M I B I
G B T X Q I K P H C N N G M U N L P C L
L J J U A L G Y Z S U G P H T C A E Y L
V E Y L C G S I M T N L L N R W A C J E
J F Q C B R K E N P U D N I L I V D E D
```

BURST   FORMATION   SNAP

CHRISTMAS   MATTRESS   UNCOVER

CLIP   ORIGIN

DISTILLED   REVEAL

```
O D Z N F U N C P I I I M K E T A I K S
S M T S J Z B K J L S E O W V M K Q N U
O V U D L Q J P G K Z C R M B F D S R D
Z U P S O Z U A T Y D V Y Q R R I M F V
D I V U L G E P I E G X U F P I O Z I J
S I P A R M X V R N A W D G A T G S D N
J D Y S B H T E S W V V Q E G Y O U Z L
F F A A R E T V E I I M M S U J X A H P
K O Y M S L N S E I C I C V A N X C J S
M M T Z I V U L T S T H P Q O N A R L P
B L T F N D O Q O E O D I I N N E O G D
F F E G I J N X M O U P Z V I M S U I C
R Q N V B I T O E Z W Y X P E L E S N C
H V S K O K S U S G C Y S E N S C N X A
G I I A W M A X N C I O O I D O R G J P
U F O K J U E K Y C N D W K V D N H A R
E E N F M H P P W W A V E E B V Z X C A
Y A T H G I L D W M V Q R R H T Y A G M
S C E Q H Q M O G X K V Q P S K X A R U
G E T X V V S E V J S E X F K W E P J J
```

CHIVES FILTERED SPINACH
DISCOVER LIGHT TENSION
DIVULGE MOVE
EXPOSE SOMETIME

```
Z  T  O  S  N  X  D  Z  K  G  O  N  E  A  F  I  C  X  M  V
K  A  W  V  C  G  T  Y  V  T  H  R  O  U  G  H  O  U  T  D
D  A  R  I  Q  H  X  V  J  I  X  B  C  A  M  E  L  X  U  D
O  L  Y  A  Z  I  F  T  O  M  U  P  C  L  S  C  X  M  U  E
W  C  Q  D  S  X  B  E  P  N  P  R  M  K  Z  L  S  L  F  W
D  D  O  V  Z  C  I  Z  P  N  U  S  N  Z  V  X  C  T  R  T
R  U  V  H  Q  T  C  Y  Y  G  U  F  X  J  I  X  H  U  O  S
T  O  L  Y  W  F  I  G  W  U  I  T  A  C  Q  E  E  Y  M  T
L  P  E  C  L  B  V  N  I  T  A  E  R  C  L  C  D  K  Y  T
W  S  K  Q  U  P  S  I  W  F  P  Y  V  O  Z  Y  U  J  X  G
G  B  E  D  Z  J  Q  R  W  F  L  P  T  E  P  G  L  J  C  J
E  C  X  T  U  M  Q  P  M  O  M  G  I  V  N  Y  E  A  D  U
T  N  L  J  A  I  X  S  X  L  O  N  K  X  I  I  D  Y  B  G
V  G  P  N  H  D  M  A  W  L  G  X  V  X  P  K  N  O  U  B
X  N  D  Y  G  U  Y  S  K  O  D  P  W  E  E  P  E  G  H  G
A  D  O  A  X  C  W  H  J  W  L  T  Y  X  E  C  M  A  G  H
R  Z  Y  U  T  R  M  F  Q  I  C  L  R  I  Q  O  P  K  I  M
V  P  O  Z  K  E  I  Z  T  N  S  R  F  Y  L  W  L  H  I  C
E  U  A  O  A  A  W  F  O  G  Y  D  Z  G  M  U  N  G  R  N
A  X  X  B  K  W  Z  O  T  C  W  B  G  O  W  Y  T  P  G  P
```

CAME	FOLLOWING	SPRINGY
DATE	FROM	THROUGHOUT
DATES	GONE	
EVENING	SCHEDULED	

```
D Y L G W Q F R P C E D O E A V M I I G
N E S V U K O L L F D X W L O R S N O H
C E P T E I X Y U T L B R P G C V E A I
C U R Y R H O A S H Y J G V W D M S I I
M W I P I D Q E I F F O T N V R Y R C C
I C N P W S V I E A H V O V Q L O O V N
O B G K T R M W N A Y G U J T B K T M L
N Y F T A G X D Y P J O R N M A I T U U
K R W H P E C S U Z T O E D U I M H N P
L R W X K F A W Z H L L V U F F U G R M
A D F F O F O U G M O F U G Z V P U B K
U J U M P S T A T I O N Y E V N N N R B
F N J O V J K F V E F L L A A E Y U W F
H Y U S G N E J I C I H R X U T Y G O R
F P M P C L Q X Z O M Z J N P F X E Z I
G M P I B I O I J D C O Q Q N V O B B H
S C O W R A V G H T A Y V V A P O K R E
L W U O T H R O U G H J S I R E R S Y P
Y I T Z R J W B Q F W F Q H N U L M M N
F B G Y U W D D B U P T Q Q V G H P Y Y
```

AT	JUMPSTATION	THROUGH
BEGUN	MOVING	VIOLENTLY
HARVEST	PRIOR	
JUMPOUT	SPRING	

Made in the USA
Las Vegas, NV
01 February 2025

17279524R00066